LANÇA CHAMAS

Regina Azevedo

Conheça melhor
a Biblioteca Madrinha Lua.

Regina Azevedo
LANÇA CHAMAS

EDITORA
Peirópolis

São Paulo, 2021

Copyright © 2021 Regina Azevedo

EDITORA **Renata Farhat Borges**
COORDENADORA DA COLEÇÃO **Ana Elisa Ribeiro**
PROJETO GRÁFICO E DIAGRAMAÇÃO **Gabriela Araujo**
REVISÃO **Mineo Takatama**

Dados internacionais de Catalogação na Publicação (CIP) de acordo com ISBD

A9941   Azevedo, Regina

           Lança chamas / Regina Azevedo. – São Paulo: Peirópolis, 2021.
           96 p.; 13 x 20 cm – (Biblioteca Madrinha Lua)

           ISBN 978-65-5931-043-2

           1. Literatura brasileira. 2. Poesia. I. Título. II. Série.

	CDD 869.1
2021-3762	CDU 821.134.3(81)-1

Elaborado por Vagner Rodolfo da Silva – CRB-8/9410
Índice para catálogo sistemático:
1. Literatura brasileira: Poesia 869.1
2. Literatura brasileira: Poesia 821.134.3(81)-1

Editado conforme o Acordo Ortográfico da Língua Portuguesa de 1990.   1ª edição, 2021

Editora Peirópolis Ltda.
Rua Girassol, 310f – Vila Madalena
05433-000 – São Paulo – SP
tel.: (11) 3816-0699
vendas@editorapeiropolis.com.br
www.editorapeiropolis.com.br

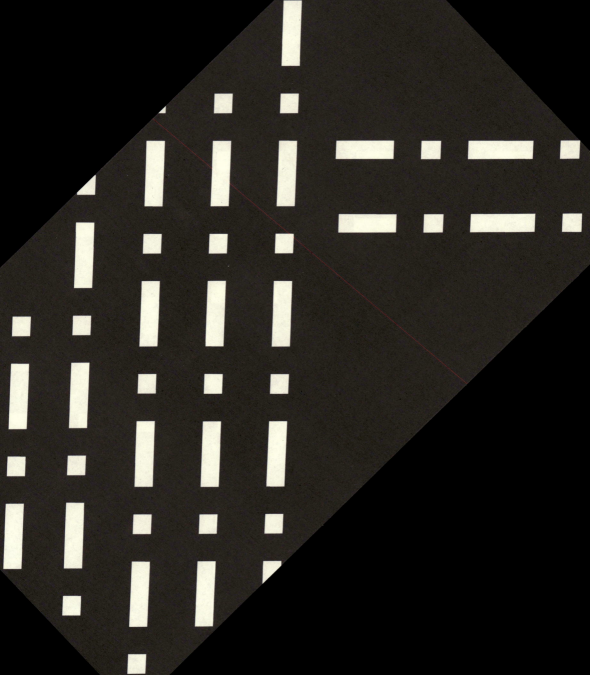

PREFÁCIO

Fazer da língua a própria bala

Maria Luíza Chacon

> *Plantar o trigo e refazer o pão de cada dia*
> *Beber o vinho e renascer na luz de todo dia*
> *A fé, a fé, paixão e fé, a fé, faca amolada*
> *O chão, o chão, o sal da terra, o chão, faca amolada*
> **FÉ CEGA, FACA AMOLADA**
> Milton Nascimento e Ronaldo Bastos

Há quase dez anos eu e Regina nos conhecemos e nos tornamos amigas – primeiro, admirei a vivacidade com que ela, ainda pré-adolescente, se debruçou sobre a poesia, a forma como isso acendia os seus olhos. Depois, uma série de afinidades nas formas de ver as coisas e de sentir o mundo aconteceu entre nós, entre duas capricornianas nascidas no dia 11 de janeiro. Ser amiga de Regina é aprender sucessivamente com a sua generosidade, com a sua forma de estar atenta, de permanecer curiosa, e também com a segurança com que ela dá cada passo: não por ser cheia de certezas, mas por parecer tão consciente do inconciliável que compõe a escrita de cada poeta e de cada escritor. Regina faz o que tem de ser feito, o que precisa fazer. E é por essas e outras que a considero um dos maiores presentes que viver na cidade de Natal me deu.

Este livro reúne poemas inéditos e já publicados da poeta potiguar e se divide em quatro partes: "Capim", cujos poemas giram em torno da infância e da relação do eu-poético com os avós; "Mar aberto", onde triunfam poemas ligados à juventude e ao amor; "Multidão", que, como a palavra indica, se interliga à luta que se dá no encontro e na coletividade; e "A poeta", com poemas relacionados ao ofício de poeta e à própria escrita, em um movimento por vezes metalinguístico. Já o título que nomeia a obra, *Lança chamas*, despojado do hífen que se utilizaria para indicar o aparelho que projeta uma chama longa ou controlável, parece dizer mais respeito ao gesto em si, ao exercício de lançar fogo próprio da linguagem poética que aqui se estabelece. A obra anterior a esta, publicada por Regina neste ano de 2021, possui título *(Vermelho fogo)* e poemas que vão em uma direção semelhante.

Um dos primeiros poemas do livro, "Vovó flutuava na praia", merece destaque. Com epígrafe de Gonçalo Manoel Tavares ("por mais que se ande, o que se andou permanece no corpo"), esse poema escancara com delicadeza dolorosa a irreversibilidade do tempo celebrada e renovada pelo signo do instante. Se, por um lado, o instante é fugidio, por outro, é marca indelével do corpo: essa parte, para a qual não se pode retornar e para a qual, no entanto, se retorna, compõe os percursos que ele empreende. Esse poema, que para mim é um dos pontos altos do livro, culmina na imagem final (que fere com afabilidade a quem o lê) do eu-poético criança na praia, junto da avó, "eu ao lado dela correndo / contra o vento, correndo contra o tempo / as mãos em concha, juntava um punhado / de mar e molhava seus pés".

A questão do tempo também figura em outros poemas. Em "O sertão sou eu", o verso "passeio na estrada do tempo" sintetiza uma das tônicas da obra, que vai da reminiscência – e do pertencimento a um chão, a lugares como a praia e o sertão – ao futuro que "brinca de balanço / e mira alto".

Já em "Azul intenso", poema que nomeou o segundo livro da poeta (*Por isso eu amo em azul intenso*, publicado em 2015), lemos: "o tamanho da dor é a força do voo" e "é pela fantasia costurada no meu peito / desde os sete, quando recusei medicina / que vejo esperança no céu". Aqui, a dor desponta como força e fica evidente o início do caminho do eu-poético em termos de fantasia – a perda dos avós, essa angústia, é capaz de lançar o eu-poético na liberdade da fabulação e da poesia.

No curioso poema "Tempo", presente na segunda seção do livro ("Mar aberto"), surge uma forma específica de vivenciar o tempo, isto é, de conhecê-lo por meio do corpo do ser amado, enquanto aprendizado de um idioma que lhe é próprio. Daí é que o eu-poético tira do pulso o relógio, marcador do tempo ordinário, para então dar vazão a um saber das horas por meio dos olhos, do corpo e da fala do ser amado que, no final das contas, inevitavelmente vai embora. Como o próprio poema enfatiza, alcançar esse "saber" do outro tem algo de trava-língua e desafio, de experiência abismal e demorada. Um dos versos que finalizam o poema menciona o sol, significativo marcador do dia, enquanto luminosidade distante, que devido à partida do amante já não irradia para dentro da casa. Dessa forma, o tempo parece em suspenso: "depois que você se foi / não há quem deixe o sol entrar / e talvez por isso / esteja tudo / adormecido". Esse desfecho retorna à mente mais adiante na leitura do livro, quando o eu-poético afirma, de modo certeiro: "poesia não é só luz (ainda bem)". Pois bem, o leitor encontrará parcelas de luz e de sombras nestas páginas escritas por Regina Azevedo.

A potência dos encontros está presente também em poemas como "Setor 02", no qual o eu-poético fala das suas vivências na faculdade de letras: "ali não há sinal, não há toque / como em outros lugares / nunca acertamos o tempo / no setor 02 / não somos bons de inícios e fins / gostamos mesmo é de nos perder / em olhares demorados / gostamos mesmo é do almoço no bar de mãe / gostamos do banquinho do chinchila, / da biblioteca, de ler / na sombra de uma árvore". A reincidente imagem da entrada do sol que, nesse caso, consegue passagem aponta para um arejamento que se dá pela via da coletividade e da vida partilhada.

Com uma linguagem prosaica, que, aliás, faz-se presente no livro como um todo, o poema autobiográfico que encerra a primeira parte passa pela exposição do nome real e completo da poeta, o seu sonho com dois versos de um poema (um deles é "um poema nasce do escuro"), a ida ao oftalmologista, o exame de vista que traz à mente os analfabetos e que deságua na lembrança sobre seus avós, Cícero e Egídia. Ao final, diz o poema: "vejo meus avós / na faculdade de letras / vejo meus avós / no espelho / vejo meus avós / na pele ensolarada / dos trabalhadores / um poema nasce do escuro / e depois, o que vem?". Esse questionamento final ressoa após a leitura – depois do poema, o que vem? A ausência não continua? O que pode a palavra? Em outros poemas da autora, tomar a palavra consiste em um exercício de liberdade e revide; já nesse, a tomada de palavra não parece apontar para uma direção oposta, mas aprofunda a dúvida acerca dos limites da linguagem.

Os poemas "Em mar aberto" e "Festejo ao fogo", que aparecem nessa ordem no livro, trazem à tona a revelia dos afetos cujos instrumentos de controle social não podem conter: "é proibido soprar um dente de leão / pra espantar o medo. / assim como é proibido encontrar / e lamber com vontade o mar aberto que existe / no meio de cada pessoa", dizem versos de "Em mar aberto". E mais adiante, no mesmo poema: "a sorte / é que nesse momento, diante da cerca elétrica, / da placa, da assinatura de autoridade, / finjo não saber ler / absolutamente nada". "Festejo ao fogo", por sua vez, demarca o rito sexual no qual o orgasmo, visto como "anestesia contra bombas / de efeito moral", reafirma o poder do afeto sem reservas. Em ambos os poemas, o eu-poético se coloca de peito aberto para o mundo, despojado do receio de ser atingido e afetado; por isso é que o afeto em *Lança chamas* se erige como algo revolucionário. Com muita sobriedade, ainda mais para os nossos tempos, a potência e insubmissão dos afetos tornam a aparecer em versos como "no brasil de 2018, / lutar e beijar / jamais esquecer".

Poemas que falam alto ao nosso presente estão contidos na terceira parte ("Multidão"). Aparecem aqui temas como os mortos por covid-19 em um Brasil devassado por um governo completamente irresponsável; a ruptura do pacto social brasileiro e a tensão crescente entre direita e esquerda; a libertação das mulheres que só se dará com a demolição de uma cultura patriarcal e machista (seja para a mulher que sai sem sutiã de "Em pleno século XXI", seja para a mulher que, quando fala, faz com que o homem engravatado se engasgue com a própria gravata).

Na quarta parte ("A poeta"), o desígnio da escrita ganha força. Versos como "impossível escrever / se estivesse de mãos dadas / o tempo todo" se referem à solidão essencial da escrita, fincando um lugar para essa experiência que difere das dinâmicas da coletividade e da vida compartilhada tão recorrente em *Lança chamas*, ampliando seus horizontes.

O corpo político, arma que atravessa todo o livro, encontra ênfase em poemas como "quando você olhar pra essas pernas...", "Passo a passo" e "Escrevo poemas". É, aliás, deste último o verso que nomeia este livro – "escrevo como quem lança chamas". Regina Azevedo desponta, neste *Lança chamas*, não só como poeta que lança labaredas, mas também como aquela que inspeciona o fogo, o brilho de paixão e fé, faca amolada.

■ *Maria Luíza Chacon é escritora, professora de língua portuguesa e doutoranda em Literatura Comparada pela Universidade Federal do Rio Grande do Norte.*

PARTE 1

CAPIM

12 anos

aprender a ler
aprender a escrever
ensinar os meus avós
pedir que eles contem
todos os dias
as mesmas histórias

minha mãe veio do interior
da minha vó
vovó veio do interior
do interior de caicó

eu vim do interior
do interior
da minha vó

pluma

deixar a blusa cair

como uma pluma que desliza na película

que é um hímen que é um mundo

e mostrar a todas as americanas

que no nordeste do brasil

se sangra todo dia

e deixar que saibam a sorte

que é morar aqui

e ter sempre

marquinha de biquíni

e esse sangue

de gente que nasce

no interior do interior

de tudo

vovó flutuava na praia

*por mais que se ande, o que se andou
permanece no corpo*
Gonçalo M. Tavares

olhávamos o mar de perto

e de longe, na ladeira do sol

minha mãe já estendia o braço

tocava o sol e nunca acreditava

que aquilo existia, se visse o mar

todos os dias ainda desacreditava

minha vó a contragosto no banco

da frente, a nossa guia, os bancos

de trás curvados, todos nós espremidos

diante do mar. havia outro carro

maior e mais confortável, minha vó

preferia nosso gol dourado

pra ir comigo, mas se ela fosse

no carrão da minha tia eu ia também,

mesmo enjoando carro alto. chegávamos

na praia e minha vó xingava

a cadeira de rodas, aquele trambolho

colocavam vovó nos braços e ela

dizia vocês vão me matar, bando de
abestalhado. a cadeira enfim tocava
a areia da praia, os pés da minha vó
suspensos no espaço, suspensos
na praia, eu ao lado dela correndo
contra o vento, correndo contra o tempo
as mãos em concha, juntava um punhado
de mar e molhava seus pés.

sinto cheiro de chuva
toda vez que abro a blusa

lá no céu
em sua cadeira colorida
seu ciço ainda colhe acerola
em mim

o sertão sou eu

capim seco

corta pele

atinge carne

longe gado cai

gado só fica em pé com água

vovó quase não conhece

terra molhada

sandália minha brilha

pé de solas avermelhadas

desci do salto

passeio na estrada do tempo

corpo tem necessidade

de estar perto da alma

corpo quer morar em casa

corpo precisa adormecer

ouvindo sua voz

canto do galo celebra milharal

água chegando na caixa

paredes ficam frias

afundo surda em colcha de pano

cada retalho tecido pela desistência

de um bicho

afogo muda em cílio de pavão

pés repousam na rede

chaleira geme

capim santo

alma despida de cidade

dor se despede

deixa corpo aos poucos

chove

o nordeste é uma invenção
disse durval muniz de albuquerque

ao que eu respondo, citando belchior
é sim, e estou encantada

azul intenso

o tamanho da dor é a força do voo
por isso amo em azul intenso
a brasa metálica do corpo dele
e a vista da beleza longe
por isso olho fundo nos seus olhos
e respondo tudo sobre meu futuro, vovó
é pela fantasia costurada no meu peito
desde os sete, quando recusei medicina
que vejo esperança no céu
admirando o cavalo livre distante
e torcendo pra que ele venha
até a cerca
porque a vista é linda
mas na volta pra cidade o ar já me escapa

o futuro
brinca de balanço
e mira alto

chegar ao ponto
de olhar uma pipa
e decolar

minha mãe me pergunta

quem fui antes

uma criança correndo na mata

um bicho surdo, mudo

uma palavra rabiscada em pedra

uma fuga desesperada

sem ter pra onde

um cão abanando o rabo

um gato voltando pra casa

uma vela apagada ainda uma vela

uma mulher um grito uma brasa

fogão a lenha

milho assado

galinha na panela

no natal, guaraná

verde do quintal

à chaleira

calor de abraço

cheiro na orelha

fecho os olhos

faço pequenas tranças

no cabelo de nuvem dela

admiro ele, o cheiro de café,

hortelã e creme de barbear

a camisa de sonho

molhada de mar

vovô, vovó

eu voltei pra casa

tenho vinte anos

vinte e um, aliás

este livro será publicado

com o nome

regina azevedo

na capa

é mentira

meu nome é

maria regina

(mamãe vai gostar de ler isso)

na última noite

sonhei com um homem

que dizia dois versos

de um poema:

"um poema nasce do escuro"

e o outro verso

eu esqueci

semana passada fui ao oftalmologista

tenho mais de vinte anos

mais de seis graus

já posso operar a miopia

enquanto fazia o exame de vista
pela milésima vez na vida
tive vontade de perguntar:
como vocês fazem com quem
não é alfabetizado?
como alguém reconhece
um A
se ainda não foi ensinado
que aquilo é um A?
claro, lembrei dos meus avós
o nome deles: cícero e egídia
tiveram 15 filhos
meu nariz torto puxei a vovô
a vovó eu puxei
a pouca paciência
espero que daqui a uns anos
meus cabelos sejam
de nuvem
como eram os dela
cícero e egídia não aprenderam
a ler e escrever

quando fui ensinada

tentei ensinar a eles

vovô sabia escrever o nome dele

o dela

vovó não

vovó não tinha paciência

penso nos meus avós

todos os dias da minha vida

vejo meus avós

na faculdade de letras

vejo meus avós

no espelho

vejo meus avós

na pele ensolarada

dos trabalhadores

um poema nasce do escuro

e depois, o que vem?

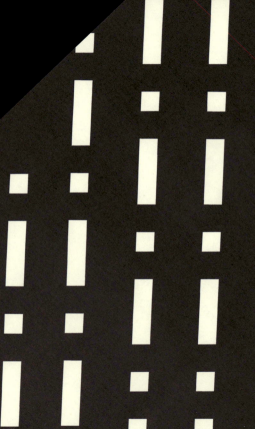

■ ━ PARTE 2 ━ ■

MAR ABERTO

tomar catuaba com você

Tomar catuaba com você
é ainda mais tesudo
que ir a Hellcife, Natal, Fortaleza
ou ficar sequelado de 51 na Lapa

em parte por dançar forró com um mendigo
suado
em parte por você ser o boy com o quadril mais
eficiente do mundo
em parte por causa do meu amor por você
em parte por causa do seu amor por maconha
em parte por causa dos ipês albinos na estrada
de Brasília

é difícil de acreditar quando estou com você
na existência de algo tão inerte
tão inodoro e ao mesmo tempo tão putrefato
quanto o atual Presidente da República

Nós andamos entre as fantasias da nossa canção
e de repente você se pergunta por que caralhos

alguém construiria um edifício
atrapalhando o carnaval
Eu imagino o desmoronamento de um
arranha-céu
e eu prefiro assistir ao acontecimento
de um desastre natural refletido nos seus olhos
Eu prefiro ver o seu sorriso diante de um
maremoto
diante da falência da agroindústria ou das
imobiliárias
a ver qualquer quadro pós-impressionista
exceto talvez Lautrec porque quando eu danço
com você
eu não preciso fechar os olhos pra dançar com
a melhor pessoa do mundo

Tomar catuaba com você
é ainda mais tesudo
que te assistir tragando um míssil
que ouvir você falando da potência das flores
que reposicionar a cama no lugar

que tropeçar e te encontrar

repetindo a palavra calma

enquanto o vento nos dá um sacode

e você diz que sente

a primavera fazendo cócegas

em nossas barrigas

de você eu levo
o mecanismo e a luz dos dedos
jeito de plantar prazer na pintura
não apenas o lápis levando a um lugar nublado
mas o sonho esperançoso
do terço mágico dos mestiços
contra a artilharia de dinheiro

o sonho do mundo novo que está nascendo
na fissura da nossa ausência um pro outro
é satélite de sentido

somos carne e coração
tecido e cor
bandeira que dança na multidão

por isso que te peço
pra não temer jamais

a única saída a única chance

é o amor

a arte

a rua

ligue alto

o som do seu peito

até estourar os tímpanos

porque precisamos de coração

pra calar as vozes embriagadas de ódio

quanto mais amor você tiver melhor

quanto mais amor você tiver melhor

quanto mais amor você tiver melhor

ouça essa música

essa música que fala sobre gente

e é cantada por gente

essa música pede pra que você se levante

e escute, e cante

pra iluminar o futuro

não existem portas nessa casa

Um dia estive na estrada esperando o futuro

E descobri que o amor se acaba aos poucos
como o derradeiro farelo da Terra na boca de um
jacaré

E isso dói como dói uma cascata
direto nas costas castigadas de um povo

Mas é assim que caminha o mundo: numa
corrida

Em uma hora alguém chega e há uma reviravolta
de 360 graus
e sua pele 40, 50, mais que o Rio de Janeiro
E nunca se sabe de onde vem aquela pessoa
com quem você nunca sonhou
mas estará ao seu lado daqui a 5, 10
ou mil anos num túmulo de pedra

Também não se sabe a porcentagem de tempo

em que caminharão juntos
Nem se você estará ao lado de um assassino,
poeta ou vendedor de salgado
desses que ficam horas e horas na cozinha
e quando chegam em casa
têm cheiro de empada de camarão e você cheira e
que delícia

Mas o amor se acaba aos poucos
E é preciso sempre esquecer isso
para que haja amor,
para que haja começo

setor 02

as cortinas poeirentas, azuis,

as paredes de pedra,

as cortinas abertas quando o professor

entra na sala, geralmente

antes das sete, as cortinas

se afastam e dão lugar

ao sol, o professor espia lá fora,

faz uma observação sobre o tempo,

o trânsito, sobre como acordou mal

mas a sala de aula é o seu remédio,

a sua cachaça.

o sol atravessa as janelas

mais tarde, olhando para essa janela

você vê um ou dois

fumando um cigarro

o professor entra,

coloca sua bolsa sobre a cadeira,

tira um por um os livros

às vezes uma pasta

chaves, óculos de sol

e coloca-os sobre a mesa

acho bonita a preparação
para o espetáculo
alguém vai pedir
que liguem o ar-condicionado
dependendo do professor,
ele estará suado
mesmo com o ar ligado
suas roupas empapadas de suor
e ele ou ela fala
com os olhos brilhando
sobre saussure
ou os poetas da áfrica.
enquanto o professor comenta
sobre um texto que leu
noite passada ou às cinco
e meia da manhã,
um ex-aluno lhe traz um copo
de café e diz você é o amor da minha vida
o professor ri, diz que exagero,
mas enquanto toma o café
seu dia já está salvo.

ali não há sinal, não há toque

como em outros lugares

nunca acertamos o tempo

no setor 02

não somos bons de inícios e fins

gostamos mesmo é de nos perder

em olhares demorados

gostamos mesmo é do almoço no bar de mãe

gostamos dos banquinhos do chinchila,

da biblioteca, de ler

na sombra de uma árvore

gostamos de deixar o sol entrar

tempo

quando você chegou

tirei o relógio do braço

pois saber a hora através

dos seus olhos

semicerrados

do seu corpo

semiaberto

da sua fala

seminua

era como tentar

um trava-língua

um enigma

uma senha

e aprender o idioma

do seu corpo

levou tempo

por exemplo

você sabia que existe

um relógio que se baseia

nas propriedades do átomo

existe a ampulheta

que antes foi utilizada

em igrejas

e hoje as crianças

usam em jogos de tabuleiro

e podem manipulá-la

nunca deixando que a areia

pese totalmente para um lado

você imagina

como eu aprendi a domar

o tempo do seu sono

o tempo do seu banho

do seu bocejo

e até evitar

que você abreviasse

a palavra e o beijo

você imagina que hoje eu sei

que nada neste mundo

é capaz de te fazer ficar

mais fácil seria esconder uma bomba

disparar mísseis

ou investigar o código genético

das libélulas e das lavandas

você sabia que a cada 65 mil anos

perdemos 1 segundo

e a cada cigarro 11 minutos

mesmo se você fosse

um relógio de vela

ainda assim seria mais fácil

impedir que o meu cheiro

queimasse o seu corpo

e consequentemente

acelerasse o tempo

e apressasse os seus passos

você sabia que os agricultores

sabem tanto sobre a posição do sol

quanto os egípcios

e ainda assim

depois que você se foi

você levou o meu relógio

você levou a música

você levou mais que

alguns instantes

os gestos

e a casa

mas sobretudo

depois que você se foi

não há quem deixe o sol entrar

e talvez por isso

esteja tudo

adormecido

em mar aberto

desenterrei do meu baú a pipa
construída num sonho. percebi
que não sei pedalar em linha reta,
que tenho nos joelhos uma fissura
de loucura de viver em mar aberto.
sinto saudade do seu nome
como quem tira as botas ensanguentadas
ao regressar da guerra. mergulho
meu peito palácio em água fervente
e admiro religiosamente a foto
que consta no rg recém-fraudado.
é preciso dizer aos viajantes
que as dunas são proibidas
embora bonitas. assim como
fechar os olhos ao sentar no colo de alguém
ou pensar mais de três vezes
por dia em quem te puxou
pra dançar. é proibido amar,
é proibido soprar um dente de leão
pra espantar o medo.
assim como é proibido encontrar

e lamber com vontade o mar aberto que existe

no meio de cada pessoa. a sorte

é que neste momento, diante da cerca elétrica,

da placa, da assinatura de autoridade,

finjo não saber ler

absolutamente nada

festejo ao fogo

só por um segundo
sob teu peito

o farfalhar do outono
e o que você fazia
em festejo ao fogo

a ponta dos dedos
ao relento

traquejo singular da labareda

misto de calmaria e lampejo
numa dança descabelada

a língua pronta para o surgimento
da manhã

o espírito de cavalo colorido
no ato de trocar os óculos com você
e te olhar de baixo

o minério que dorme na pele
o desafio que doma o segundo
a ginga que derrete as ondas

cheiro tônico diante do espelho

o rugido e o anúncio
do tropeço no ritual:

um orgasmo estupendo
anestesia contra bombas
de efeito moral

PARTE 3
MULTIDÃO

kafka à brasileira #01

400 mil mortos por covid
à tarde, cpi

kafka à brasileira #02

500 mil mortos por covid

à tarde, copa américa

29m

na rua

para poder estar em casa

19j

500 mil mortos por covid
apoiadores do presidente dizem
a esquerda só chora

por que será
que eles também não?

quando você olhar pra estas pernas

saiba que são pernas de ciranda

pernas que marcham

e que dançam

pernas que enfrentam homens armados

pernas que se entrelaçam

em outras pernas

pernas pernas pernas

pernas de luta

e de festa

pernas de explorar o palco

pernas parecidas com as suas

pernas estendidas na rua

pernas que derrubam as suas

pernas pernas pernas

quando olhar pra estas pernas

saiba que são minhas

e não suas

em pleno século XXI

ela saiu de casa
sem sutiã

os hipocampos
derrubaram a prateleira
de cereal froot loops no supermercado
e alguns dragões alados
esculpiram um monumento de fogo
no morro do careca
o prefeito de gravata-borboleta
rapidamente desviou o olhar
do próprio umbigo
a fauna e a flora
gritaram
enquanto os jovens caçavam pokémon
na 2ª maior reserva de mata atlântica do estado
acabaram os pedacinhos do céu
no carrinho do picolé caicó
e uma família de flamingos
dançou sapateado na BR
até ficar com calos

mas ela saiu de casa sem sutiã
e é isso que importa

um homem de gravata fala
por sua mulher
sua amante
seus filhos
sua mãe, seu pai
seu deus
e sua carteira cheia de dinheiro

um homem de bravata fala
pela viagem internacional do mês
pelo intercâmbio dos filhos
pela escola particular
pela água saborizada

um homem de gravata fala
pra falar mais alto que uma mulher

um homem de bravata fala
pra mulher não falar

mas quando a mulher fala

o homem se engasga

com a própria gravata

■ ▬

o roxo é uma cor difícil

de se produzir

pelo peso que condensa

em seu raio

como se o vermelho e o azul

fossem água e óleo

e a poeira do mar se juntasse inteira

tentando uma matiz jamais vista

imagine por exemplo

carregar um roxo

na pele

que desafio que é

essa pegada brilhante no escuro

vestígio do fracasso

do corpo

corro contra o vento
vejo um cavalo
que se prepara pra atravessar a rua

paro

olho pro cavalo
enquanto ele me olha

dois homens passam
um risco
entre nós
e gritam "gostosa"

eu quase caio
o cavalo se assusta
e nunca mais volta
vou com ele
ser acrobata e não gostosa
catarata e não gostosa
dálmata e não gostosa

geneticista e não gostosa

gaivota e não gostosa

pateta e não gostosa

otimista e não gostosa

passeata e não gostosa

ultravioleta e não gostosa

violonista e não gostosa

poeta e não gostosa

ser cavalo

além de gostosa

brasil 2018

jamais esquecer
de beijar a sua boca
antes de sair de casa
porque isso aqui é brasil, 2018,
e os cidadãos de bem
arma em punho, bandeira aberta
nos querem mudos,
amordaçados
escorraçados do país
a arma da família
mira no próprio sangue
a gente nunca sabe
se vai voltar a se ver
não dá pra saber
quem será o próximo
moa, marielle,
eu ou você
no brasil de 2018,
lutar e beijar
jamais esquecer

é que eu não posso falar agora

a esperança é uma mentira

sim, dói

destruíram tudo

não, não melhora

resta saber quem é o mais fudido

tudo começou não sei quando

sonharemos a vida inteira com victor heringer

não, não gostamos do que fazemos

tampouco acreditamos

não fique à vontade

afinal, não faz sentido

tem essa pulga atrás da orelha

tem essa vontade de sair correndo

não, não foi um acidente

sim, eu ainda sinto sua falta

isso também mata

é como ser atropelado

sim, um beijo

não, nunca só um beijo

o nome correto é tortura

não, não somos iguais

não existe jeito certo

marielle é mais que uma palavra

eu calculo que dois tios, uma tia, quatro primos,

nenhum amigo e vários vizinhos

votaram em bolsonaro

poesia não é só luz (ainda bem)

eu sei quem foi

não, você não tem menos medo do que eu

isso não passa de marketing

eu tinha oito ou nove anos na época

o presidente é um canalha

você não consegue chorar

isso com certeza dói

escuro

é preciso

muita coragem

para acordar de um pesadelo

ficar diante

do perigo-espelho

rugir

para si mesmo

e se

enfrentar

espelho

setenta e poucos dias de quarentena
não sou boa de conta nem de certezas
meus óculos não estão bons,
forço a vista diante deste texto
que pouco a pouco
se dedica à deformação
dele, de mim
nunca um texto é imóvel
os textos se mexem
como os edifícios
olhados de dentro de uma piscina
como o medo de baleias
como os tremores de mãos,
países, construções
gosto de enxergar turvo torto tremulante
como manoel de barros, nicolas behr
pouco a pouco
me sinto adentrando uma irreversível
escuridão
à moda deste país
onde nasci

▪ ━ PARTE 4 ━ ▪
A POETA

21 anos

alimentar gatos de rua
gostar de salada
acordar cedo
espreguiçar as pernas na rede
e ler adília lopes

acordo e ouço alguém no escuro

respirando, uma mulher

viva

é uma luta mas descubro

sou eu

encontra
a luz
no proibido

bukowski disse
que quando olha pra uma mulher
imagina sempre que ela tem algo
muito mais que uma buceta
no meio das pernas

carina disse que tenho
ascendente em gêmeos
lua em peixes

espero que quando me olhem
lembrem disso

impossível escrever

se estivesse de mãos dadas

o tempo todo

laranjinha

te escreveria um poema
não estivesse você
dormindo na minha cadeira

cícero

te chamaria filho
não fosse você
meu avô

tempo penso

à noite, deito a cabeça no
travesseiro e penso penso
mais do que gostaria de pensar
e como não penso quando
sonho ou durmo não consigo
dormir ou sonhar

à noite, deito a cabeça no
travesseiro e penso penso
feito um pêndulo penso
que estamos com o tempo
pendurado no pescoço como
um pêndulo

à noite, deito a cabeça no
travesseiro e penso penso
no ônibus a caminho do passado
penso no presidente fico enjoada
mudo o lado penso
até quando não sonhar

à noite, deito a cabeça no
travesseiro e penso penso
penso no vírus penso no que
dona maria me receitaria
para essa doença
doença de adoecer por dentro

cabeça e peito
ancorados num único momento

à noite, deito a cabeça no
travesseiro e não penso
se é febre ou se já sou
toda magma, lava, chama

à noite, deito a cabeça no travesseiro
não durmo, não sonho
escrevo

motivação para uma poeta escrever

o poema de ana elisa ribeiro
mandando péricles se foder

passo a passo

abolir do corpo a culpa

abraçar o corpo

descobrir que há corpo

não esquecer que há corpo

não abandonar o corpo

dizer em voz alta que cabeça

faz parte do corpo

corpo é cabeça

cabeça é corpo

trocar de dicionário

trocar de óculos

reposicionar o espelho

diante do corpo

adaptar o espelho ao corpo

nunca o contrário

dançar com o corpo

contar os pelos

experimentar caretas

deitar de bruços

levantar os braços e de repente

soltar o corpo sobre o próprio corpo

tocar os pés
tocar o nariz nos joelhos
tocar o cotovelo direito
no peito esquerdo
agitar os braços
engolir o umbigo
espichar as costas
inventar movimento
lembrar que o corpo
é um só
jogar o corpo
de um lado a outro
quando perdida
retornar
para o corpo
reabitá-lo

língua

li um texto
com meu namorado

e agora é me come pra cima
   me come pra baixo

é que a vida inteira
tentamos fincar bandeiras
enquanto podíamos sambar

mas agora ele diz
me encoxa
e eu adoro
   claro
     fico logo molhada

com essa ideia
de sobrepor camadas

de fazer da língua
a própria bala

escrevo poemas

eu te mato com a língua
Yung Buda

escrevo poemas
porque não posso
atirar facas
atirar copos
isso lhes pouparia
a necessidade
de passar pano
— e então de que se ocupariam os homens?

sem piedade ou perdão
escrever é sacudir a cidade
já tenho até me acostumado
a brincar com fogo

outro poema
porque não se responde
um revólver

escrevo como quem lança chamas

gato sem rabo

virginia woolf estava certa
uma livraria só de livros
escritos por mulheres
é aberta em são paulo
há filas na porta
todos os jornais noticiam
nos comentários homens
questionam: mas e os livros
escritos por homens?
heloisa buarque de hollanda lança
uma nova antologia, as 29 poetas
hoje, como a dos anos 70 mas
apenas com mulheres
no lançamento helô conta que
recebeu a pergunta de um leitor:
mas por que só mulheres?
virginia woolf estava certa
mulheres que escrevem são
como gatos sem rabo, por isso
é esquisito, por isso incomoda
vejam como ela chama atenção

ali ganhando prêmio, na estante

da livraria, na estante da biblioteca,

no livro furtivamente escondido

na bolsa, na mochila,

debaixo do braço

sorte é que a cada dia

há mais de nós

mais gatas escrevendo

mais gatos sem rabo

cruzando o gramado

escrever
é decolar palavras

POSFÁCIO

Regina reinava; e reina

Ana Elisa Ribeiro

Fazia um calor arretado em Natal. Ao sair dos carros dos amigos, sempre com o ar-condicionado a 15 graus, meus óculos se embaçavam no contato repentino com o bafo dos trinta e tantos graus. E uma saída dessas foi para entrar num parque de dunas, em algum lugar bonito daquela cidade. Desci sem crer no que iria acontecer logo mais. Parecia exagero que eu fosse encontrar dezenas e dezenas de adolescentes lendo e ouvindo poesia, embaixo de uma árvore frondosa, em cima de um tablado, num parque público, em plena sexta-feira à tarde.

Não era exagero.

E lá estava, diante de mim, não apenas a cena arrepiante de tantos e tantas jovens lendo poesia, alto, em performances menos ou mais teatrais, mas também a líder do "movimento", Regina Azevedo, então uma jovem escritora, quase por lançar seu primeiro livro por uma editora independente incrível da capital potiguar, a Jovens Escribas.

Regina franzina, Regina de cabelos encaracolados, Regina com espinhas, Regina firme no propósito de ser escritora, já sendo. Já era leitora voraz de poesia, tinha seus padrinhos e madrinhas poéticos, e não apenas lá, dizia poesia coletivamente, tal como aprendera com seus pares mais velhos. Herdeira, mas também liderança entre as garotas que mudariam a cena poética natalense, potiguar, brasileira. Regina reinava mesmo, era visível. E acho que não consegui dizer nada naquela tarde, talvez nada além de um ou dois poemas.

Foi assim que conheci Regina, para depois reencontrá-la em lançamentos em São Paulo, ainda jovenzinha, sentadas que ficamos, juntas, numa mesa de canto, evitando o rebuliço do lugar fechado. Na foto, aparecemos juntas, de batom, bem como se nos escondêssemos da turba. Éramos cúmplices e falamos de poesia ali também.

Regina lançou então mais livros, cortou os cabelos, fez faculdade, cresceu e continuou poeta. Porque há tantos motivos para a gente deixar de ser... para a gente se convencer de outras coisas bem menos importantes. Mas eu via, pelas redes sociais, Regina reiterar seu voto. Regina publicou mais, escreveu mais, construiu uma voz cheia do seu sotaque, do seu olhar, da sua reivindicação de ser escritora. Estão aí, na poesia dela, tanto a avó quanto a neta, espelhadas em suas ferocidades, sem perder as ternuras. Regina hoje está em listas de poetas que despontam. Listas são importantes. Mas mais importante é ter conhecido a Regina quando ela nem parecia real: uma adolescente pronta para se tornar a Regina Azevedo. E por falar em madrinhas...

A Biblioteca Madrinha Lua pretende reunir algumas dessas poetas que nos aparecem pelas frestas do mercado editorial, pelas fendas do debate literário amplo, pelas escotilhas oxidadas enquanto mergulhamos na literatura contemporânea. Já no final da vida, Henriqueta Lisboa, nossa poeta madrinha, se fazia uma pergunta dura, sem resposta previsível, em especial para as mulheres que escrevem: "Terá valido a pena a persistência?". Pois então. Acho que todas se perguntam isso, mais cedo ou mais tarde. Não terá sido por falta de persistência e de uma coleção como esta, poeta. Vejamos aí a poesia quente e direta de Regina Azevedo.

ÍNDICE DE POEMAS

12 anos **16**

minha mãe veio do interior **17**

pluma **18**

vovó flutuava na praia **19**

sinto cheiro... **21**

lá no céu **22**

o sertão sou eu **23**

o nordeste... **25**

azul intenso **26**

o futuro **27**

chegar ao ponto **28**

minha mãe me pergunta **29**

fogão a lenha **30**

tenho vinte anos **31**

tomar catuaba com você **36**

de você eu levo **39**

não existem portas nessa casa **41**

setor 02 **43**

tempo **46**

em mar aberto **50**

festejo ao fog **52**

kafka à brasileira #01 **56**

kafka à brasileira #02 **57**

29m **58**

19j **59**

quando você olhar **60**

em pleno século XXI **61**

um homem de gravata fala **63**

o roxo é uma cor difícil **65**

corro contra o vento **66**

brasil 2018   **68**

é que eu não posso falar agora   **69**

escuro   **71**

espelho   **72**

21 anos   **74**

acordo e ouço alguém...   **75**

encontra   **76**

bukowski disse   **77**

impossível escrever   **78**

laranjinha   **79**

cícero   **80**

tempo penso   **81**

motivação para uma poeta escrever   **83**

passo a passo   **84**

língua   **86**

escrevo poemas   **87**

gato sem rabo   **88**

escrever   **90**

Alguns dos poemas aqui reunidos foram
publicados antes em:

LIVROS

- *Por isso eu amo em azul intenso* (Jovens Escribas, 2015)
- *Pirueta* (selo doburro, 2017)
- *Vermelho fogo* (independente, 2021)
- *Carcaça* (Munganga Edições, 2021)

REVISTAS

- *Mallarmargens* (online, 2016)
- *MPPF!*, 7 (online, 2018)
- *Bellzebuuu*, 3 (online, 2019)

FONTES **Eskorte e Ronnia**
PAPEL **Pólen soft 80 g/m²**
TIRAGEM **1000**